一个人，
无论看上去多么孤立，
绝不是无缘无故来到这个世界上。

家永远是我们无法回避的话题。
触摸原生家庭的痛，
唤醒内心的温柔与力量。

学业压力
贫穷 校园霸凌 离婚 焦虑
丧偶式育儿 自杀 抑郁 死亡 啃老
低欲望 暴力 一个家庭的故事， 养老 冷漠
抛弃 包括一个人生活的一切。少年犯

接纳 家庭动力 搅动 平衡 生态系统 觉察
触动 家庭重塑 模式 介入 自立
同样爱子女的父亲 尊重意愿 循环 渴望 相信
守望 信任 尊重 贫穷
成长 呵护

团士郎的
家庭治疗漫画
丛书

丛书主编
吉沅洪

相互牵引的
家庭关系

爱还在

华东师范大学出版社
·上海·

[日]团士郎 ◎ 著
刘 强　陈婷婷 ◎ 编译

图书在版编目（CIP）数据

相互牵引的家庭关系. 爱还在 /（日）团士郎著；陈婷婷，刘强编译.
—— 上海：华东师范大学出版社，2021
（团士郎的家庭治疗漫画丛书）
ISBN 978-7-5760-1624-6

Ⅰ.①相… Ⅱ.①团… ②陈… ③刘… Ⅲ.①家庭关系 – 通俗读物 Ⅳ.① C913.11-49

中国版本图书馆 CIP 数据核字 (2021) 第 071118 号

团士郎的家庭治疗漫画丛书
相互牵引的家庭关系·爱还在

丛书主编	吉沅洪	印 刷 者	上海昌鑫龙印务有限公司
著　　者	团士郎	开　　本	889×1194 32 开
绘　　图	团士郎	印　　张	6.625
编　　译	刘 强　陈婷婷	字　　数	179 千字
特约审读	王 杉	插　　页	2
责任编辑	刘 佳	版　　次	2021 年 8 月第 1 版
责任校对	王练妹　时东明	印　　次	2021 年 8 月第 1 次
装帧设计	卢晓红　蒋 婷	书　　号	ISBN 978-7-5760-1624-6
		定　　价	48.00 元

出版发行　华东师范大学出版社
社　　址　上海市中山北路 3663 号
邮　　编　200062

出版人　王 焰

网　　址　www.ecnupress.com.cn
电　　话　021-60821666
行政传真　021-62572105
客服电话　021-62865537
门市（邮购）电话　021-62869887
地　　址　上海市中山北路 3663 号
　　　　　华东师范大学校内先锋路口
网　　店　http://hdsdcbs.tmall.com/

（如发现本版图书有印订质量问题，请寄回本社客服中心调换或电话 021-62865537 联系）

致读者

2019 年 8 月,我有缘参加了在苏州举办的"第七届中国表达艺术国际学术研讨会"。在会场走廊上,主办方将我在日本出版的漫画丛书《树荫物语》中的 6 个作品进行了展示。非常感谢当时观看了这些漫画的读者,也感谢把它们推荐给出版社编辑的吉沅洪老师。这些展出的漫画才得以和中国的读者见面。

我曾担心过日本家庭的这些日常心理活动能否真切地传达给中国读者,但最后我打消了这份担忧。我看过中国电影里出现的家庭,虽然我们来自不同的国家,或许文化背景不相同,但究其根本,在人性上,我们是一样的。

无论在世界的哪个角落,父母都疼爱着子女,盼望着子女能茁壮成长。我们生活的时代不总是好的时代,就算是处于苦难的时期,家庭还是要在那时那刻那里继续过下去。也正因这样,才创造了我们当下的生活。

当然,现在并非终点,接下来家庭也会步履不停地前进。我想那时又会诞生新的故事吧!那些交给下一代人记录就好。

现在要与大家见面的这些故事是我记录下的发生于 20 世纪后半期至 21 世纪当下的家庭物语。

于 2021 年 5 月 28 日

细菌小子

　　细菌小子是我的另一只眼睛，会在有人讲话时，开玩笑似的泼个冷水说："其实也没有那样吧！"

　　让自己能拥有细菌小子那样看待事物的眼睛是一种能力。

团老师

现任工作室 D.A.N 主持人。从事家庭心理临床工作五十多年，同时也以专业漫画家的身份开展工作五十多年。

丛书总序

家永远是人类最为依靠的港湾。记得团士郎老师说过这样一句话"无论是一个看上去多么孤立的人,他/她绝不是无缘无故地来到这个世界的,一定有人把他/她带到这个世上,并抚养了他/她",而这就是家庭。

团士郎老师是一位传奇式的人物,他有许多故事。团老师并未追求过学位或资格考试,自同志社大学文学部心理学专业本科毕业即就职于京都府儿童相谈所,一直兢兢业业地在第一线从事着家庭治疗的临床实务工作。在儿童相谈所工作了25年之后,于2001年被立命馆大学聘为研究生院教授,这意味着团教授的家庭治疗心理临床实务得到了极高的评价与高度的专业认可。在近半个世纪的从业生涯中,团老师以家庭关系为线索,一直给遭遇家庭虐待、学校霸凌、罹患抑郁症的家庭提供心理援助,直到今天他依然在自己的工作室接待着来访者。

自2011年3月11日东日本地震之后,团教授每年都去灾区办漫画展,并从《树荫物语》中选出五六个新故事编成一个小册子,印刷一万册,免费提供给许多人。在团老师的漫画中,故事和人物不一定与灾难有关,而是发生在他的心理咨询实务中的真实故事,有的还是他自己家庭中发生的事情。团教授静静地说:"通过别人的故事,可以温柔地融化那些因严酷经历而变得坚硬的人心,并唤醒他们自己的内心故事。"

在团老师的漫画中,没有强调起源或结局。在不强加信息的情况下,他希望能在读者的脑海中留下一些东西,哪怕只是一点点。团老师相信,一件作品如果吸引了偶然路过的读者的眼球,就可能会点亮这个人心中的一盏小灯,引发他或她的处境发生改变。这样的润物细无声的工作方式让我倍增敬意。

没有人喜欢被说教,没有人喜欢被教导该怎么做。说教的人大多执着于自己理论的正确性,但对于需要援助的人来说,他们大多对理论并不感兴趣,而是处于自身特定的境遇中希望追寻到转变的可能。因此,我们需要去帮助他们思考,进而基于大家自身的思考去觉察属于自己的领悟。因为人容易坦然接受自己内心的领悟,并愿意为此做出改变,单纯来自外部的说教或是简单的知识教育是无法达到这样的效果的。

家是一个情绪单位。团老师一直专注于家庭的存在,他一直把家庭作为一个系统来关注,并通过家庭关系去寻找解决问题的线索。他说:"一个家庭的故事包括一个人生活的一切。"

在"第一件事"的漫画中,团老师讲述了这样一个故事:

这是一个因为儿子的问题行为来咨询的个案。妈妈离家出走以后,爸爸一个人照顾着上中学的儿子、读高中的姐姐和上小学的妹妹,为他们做饭、洗衣。这个爸爸看上去有点土气,但却是个很本分的人。之前是公交司机的他,现在在车库做管理工作。可能是因为爸爸的严肃而且少言寡语,跟孩子们有点疏远。

团老师在家庭治疗中没有谈及儿子的问题行为,而是给每个孩子铅笔和纸,然后对他们说:"对于家庭来说,一定会有很多烦恼和想要解决的事。现在,请想出三件你担心的,或是想要解决的事情,并写在纸上。"姐姐和妹妹在回答第一件事情的时候,都不约而同地说:"我担心爸爸工作的时候出事故",这个时候儿子一脸惊讶地说:"我也一样。"听到孩子们的分享后,这个爸爸有些惊讶,不好意思地笑了起来。一周之后,奇迹发生了，这个男孩开始收敛自己的问题行为，并准备起了升学考试。

这个家庭治疗的成功之处在于，在咨询师的带领下，这个家庭开始关注所拥有的，而不是只看到已失去的。团老师说："即使在同样的情况下，如果你以不同的方式去看待，你就可以看到光明。"

在团老师的漫画作品中还有很多这样日常生活中让人动容的故事。比如，一位残疾妇女变得能够与她的家人谈论她的问题了；一位父亲分享了他儿子高中入学考试时的挫折感等等。

团老师自己养育了三个孩子，在他的漫画作品中也有一些是他自己家里发生的故事，真诚地跟我们分享他的养育经验。比如说他每周一定会抽出一天，按时下班去超市采购并给全家做一顿晚饭；会带着孩子两个人去国外旅游长见识；会让还是小学生的孩子在暑假自己组织和小伙伴们出外旅游，由孩子自己制订计划、准备行李、管理金钱。而在他们成年后，团老师的儿子们也继承了这一传统。

在"撤退"的漫画中，团老师讲述了自己的一个故事：

"在儿子们还很小的时候，一个夏天，我买了一个橡皮船。

兴致勃勃的我马上就带着两个孩子去下水。让两个孩子坐上船后，我把橡皮船推到了河中间。随后自己也坐了进去，将桨安装在挂钩上，开始划船。那个时候才意识到我想象的划船是在静止的水面上的，但在真实的河流中并不是这个样子——于是船完全不受控制，父子三人只能被水流冲着走。船被推到了水流中间突起的岩石上，触礁了。孩子们惊恐得脸色都变了，以为自己要被甩出去了。我也突然觉得害怕起来，如果两个儿子同时被冲走了的话，要怎么救他们呢？那是一种从未想过的恐惧。

我做出了决断：我们不划了。站在只有腰高的水流中，一个个地把孩子们安全地接到了沙洲上。在这个时候,我第一次学会了撤退。

在回家的路上,我在心里想着:孩子们都安全没事真是太好了。然后我们共同感受着这样的心情,慢慢成为真正的父子!"

坚不可摧的父子亲情纽带就这样形成了。成长有时候不一定是永不停歇地前进,也可能是一次勇敢的后退。勇敢的后退也是为了更好的下一个前进和成长。

我于2012年春天就职于立命馆大学,有缘与团教授成为了同事。曾经有一次开玩笑地问团老师:"您是漫画家,又是家庭治疗师,您觉得哪个身份对您来说感觉更舒服呢?"团老师秒答:"都很舒服,都很有趣!"于是我又问:"两个身份各占百分比多少呢?"团教授又秒答:"各占50%!"然后他哈哈大笑起来。我想正因为这样,团老师才能把漫画和家庭治疗结合得如此完美吧。

希望每一位读者都可以从这一个个的家庭故事中获得感动、获得觉察,成为更好的家庭一员,也成为更好的自己。

吉沅洪

写于2021年紫阳花盛开时

目录

第一章
非传统家庭　　12

01	年末的七夕	14	07 为什么	74
02	舒解的时候	24	08 谁？	84
03	新娘	34	09 去学习！	94
04	单程车票	44		
05	成人日	54		
06	尊重意愿	64		

第二章
特殊儿童及其家庭　　102

01	故乡	104
02	装病	116
03	背后的夕阳	126
04	当事人的……	136
05	时期	146

第三章
爱是特殊的存在　　158

01	讨喜	160
02	身体记忆	170
03	翻山	180
04	赎罪	190
05	贝壳	200

后记　　210

第一章

非传统家庭

有一些家庭，他们不一定能和睦相处，也不一定父母双全。甚至有一些人，他们对"家"的概念是模糊的、不确定的，传统意义上的"家"对他们来说是不存在的。让我们一同看看下面几则发生在非传统家庭里的故事。

01 年末的七夕

一对历经苦难的母子,虽不能一起生活,却找到了属于他们自己的相处方式。

关于少年犯罪事件的报道不绝于耳。

但是，就算是看了新闻和周刊杂志的详细报道，还是体会不到这其中的紧迫感。

我常叹息，就因为这样一点小事……

明明每个人，都怀揣着某样东西而活着……

是否是因为不想再向别人诉说，也不想再相互分担，还是认为已经得到了幸福就没有这些问题了呢？

现在过得怎么样呢～

每到年末，我总会想起一对母子。

不过他们不是我的来访者，我也没有对小孩进行过指导。

我见过许多和他们情况相似的亲子关系，但是像他们那样解决问题的，我却没见到过。

别跟我说……

贵子年纪轻轻就结婚生子，但是和婆家人相处得不融洽，便离了婚。

二十几岁的贵子带着还在襁褓中的贵彦一起生活。

公寓 一间卧室 2.7万。

公寓 一卧一厨 3.5万不可携孩子入住。

人才中心

无论是租房还是就业，小孩都是累赘。因此，她决定把小孩送去儿童福利院。

贵彦在福利院里健康地成长，妈妈也在努力地工作，并且有时候会去看他。

但是，贵彦的情况却有些不同。

突然有一天，贵子不再去福利院探望贵彦，谁也没有办法和她取得联系，最后音信全无。这也算是一种常见的情况。

啊！贵彦妈妈？

贵彦在升中学的时候，妈妈贵子打来电话。

事情会变成怎样啊?

听了之后才知道,贵子已经再婚,并且还有了两个小孩。

请来见贵彦一面。

但是,这话却没办法突然向刚取得联系的贵子说出来。

大家都想问:"你打算把贵彦怎么办呢?"

虽然有过踌躇，但是贵子还是来到了福利院，母子终于在十年之后重逢。

"虽然很抱歉，但是我不能把你接走。"

抑制不住的紧张。

这是贵子对贵彦说的第一句话。贵子想必是做了极大的努力来解释当时的情况吧。

怀揣着复杂的心情，母子再次相见。

别管我!

没人知道贵彦经受了多大的打击,他发起狂来。

知道这件事情的工作人员,一直在等待着。

滚回去!

从这之后,贵子会时常去福利院探望贵彦。

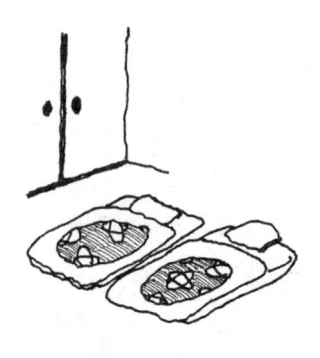

过了不久，母子俩开始每年出去旅行一次。年末时在陌生的城市，度过只属于他们的两天一夜。

虽然没有人知道贵彦这些年的想法，但是直到贵彦高中毕业离开福利院，在这期间的每一年，母子俩都会有一次单独的旅行，就像过七夕一样。

欢迎回家！

伴手礼呢！

不知道贵子是如何向丈夫和孩子说明的。

双方一定都会有许多复杂的想法。说到所谓的"母爱"，总是有很多解释。这里到底有没有爱的存在，我想谁也无法给出答案。但是，发生过的事却印刻在了他们的回忆里。

一想到这对母子，我就觉得，社会上这类案件频发的现象并没有改善，对这个时代的我们来讲，难道不是一种不幸吗？

02 舒解的时候

生活在非传统家庭里的樱,始终都有一个心结。

这是发生在某个自助小组的故事。看起来已经五十多岁的樱讲述了有关工作单位中人际关系的事。

她一直给人的印象是"没有表情也不知道她在想些什么","封闭自己的内心,很难交往。"

的确,在小组里,她也给人一种和大家保持距离、冷静观望其他人的印象。

这是面具吧？

在之前的工作单位，樱也在背地里被说成是"面瘫脸"。

是，是

这个人也是工作人员吗？

你自己也很讨厌那样吧？

多数情况下，家庭影响着一个人的行为和表达方式。

樱，请告诉我你家里的情况。

现在，樱已经结婚，并和丈夫育有两个孩子。但被问及家，樱讲的却是自己的原生家庭。

家里有我，妹妹，弟弟，母亲四口人。

别说话！

为什么啊？
为什么啊？

因为战争……

那你父亲呢？

去世了吗?

这个时候,樱的表情很复杂。

我……

家里人没去给父亲上过坟,家里也没有放父亲的牌位。

母亲不肯接受。因为仅有父亲的死讯,遗骨和遗物什么的都没拿回来……

在我成长的过程中,总是听妈妈说:"你是长女,爸爸不在的日子你一定要听话。"

在我的家里，关于父亲的话题是个禁忌。

你想说些什么吗？

最后，母亲直到去世，也不肯接受父亲的死。

我想多说一些关于父亲的话。

和谁说?

已经去世了吧……

你现在还这样想吗?
是的……

不是……
我想问问父亲……

那么,请你在这里选择一位和你的父亲感觉相近的人。

被选出来的那个人,坐到了前面。

这个是父亲?

记忆里的父亲特别年轻,那个时候我还是小学生。

爸爸……

樱用了一段时间，来凝视自己的内心。然后……

很长一段时间，她只是泪流不止地一直盯着那个"父亲"。

不知怎么地……

樱小声叫了一声爸爸之后，又陷入了无言的状态，然后缓缓地又流下了眼泪。

在这之后,她静静地温柔地说:"你为什么死了呢?妈妈和我们明明一直都在等你……"

说完之后,又继续静静地流泪。

母亲就那样去世了。

身为长女的樱,也在那样的情况下,变成了一个不轻易表露自己感情的人。

50年来,樱一家人始终没承认父亲的死亡,就一直这样生活着。

我不禁觉得,自己看到了一个被禁止哭泣的人的心结,在大家的守护中慢慢地舒解开来。

03 新娘

习惯了不幸的人,却对幸福感到惶恐。别怕!每个人都有幸福的权力和可能!

我和同事一起参加过一场婚礼，是以女方来宾身份参加的。

在女方来宾座席里，只有我和曾带大她的福利院里的工作人员。

事前也不是没设想过，可是真到了现场，心情还是很复杂。

她一个亲属也没有。

我一边感叹，一边想起了不久前发生的事。

在被日常工作搞得手忙脚乱的某一天，她忽然出现了。

---

*译者注：儿童相谈所：根据日本《儿童福祉法》设立的专业的儿童保护机构，各都、道、府、县至少要设立一所，免费为被虐待的儿童、特殊儿童等未满18周岁的青少年相关事宜提供咨询。

特别好的一个人，在一起也很久了。

啊！恭喜！对方是什么样的人啊？

我结婚了。

很好啊！这样的话就不必再担心了吧。

嗯，他妈妈是个很温柔的人，知道了我的事情后说，让我把她当成亲生母亲。

原来如此，多好啊。他也知道你的事吧？

平时都懂的大道理，可一旦事情发生在自己身上就说要另当别论的人也不在少数。

世间常常是残酷的。深谙世事的人，有时也会变得异常较真儿。

我们也并非不知道，这就是人性。

当看到处处碰壁的年轻人时，还是会觉得很可怜。

作为了解她的情况的人，面对她的迷茫我也不觉得奇怪。

她不再多说，我于是问：

我一边笑着,一边想对她说:
"你胡说些什么呢……",这话却
没说出口。

我想,在中等收入的家庭长大,现在做公务员的我,是没有办法揣测她的内心的。

无论何事，没有经历过就没法真正体会，这话我并不认同。但在超乎常人想象的环境外生长的孩子们，他们的经历和情感常人确实可能无法一一体会。

挺好的，不是吗？我觉得一定会很好的！

邀请您的话，您会来参加我的婚礼吗？

一定，一定。

很担心,不知道谁会来参加。

独自克服成长过程中遇到的各种各样难题的她,在办理通往幸福的手续上变得迟疑。

我要回娘家!

都说,女性变强大,离婚率也增加了。但意外的是,大多数的女性在面对婚姻困境时,选择回娘家。

过去的一首流行歌曲《新娘》,最后的歌词是:回不去,无论发生什么,对着心里发誓。

我可能没办法理解，没有娘家可回的她，对结婚下了多大的决心。

而且，令我开心的是，在这个世界上，有一家人，发自内心地接受她的到来。

从来没有一场婚礼，让我如此深深期盼新人要走向幸福。

04 单程车票

有些事没得选,时光也不能倒流。

她有一个哥哥和一个妹妹。

身为国际航海船员的伯父很有声望,在家里也是最时髦的大人。

父亲的哥哥(伯父)没有小孩。

伯父说,想从她家选一个孩子过继给他。

三个孩子都是自己十月怀胎辛苦生下来的,所以母亲很不愿意。

"考虑一下孩子将来的生活……"父亲说。

父亲并非冷酷无情的人,母亲也只能忍痛同意了。

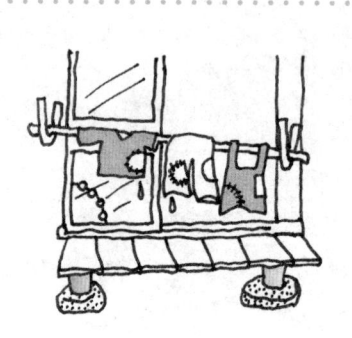

但实际上,她家里很贫穷,生活条件低于当时日本社会的平均水平。

无论是谁被选中,孩子们肯定都不情愿吧。

长子要继承家业,妹妹还小,所以被说服的就是八岁的她了。

家人安慰她说:"大家都是亲戚,想见的话随时都能见到。"但她还是觉得害怕。

经过无数次的哭泣,她最后还是被说服,去了伯父家里,成了养女。

伯父家里优渥的生活,和她一直以来的生活有着云泥之别。

父亲（伯父）每次出海航行都要好几个月，回家的时候会像圣诞老人一样给她带很多礼物。

她和一直无法摆脱贫困的亲生父母家里的接触也逐渐少了起来。

她和母亲（伯母）两个人的日常生活也不会感到寂寞。

父亲结束了航海的工作后，回到陆地做地勤，这时，她已经是短期大学的学生了。

可是没过多久，父亲病倒了，接着就去世了。

同时，她一直都没办法接受丈夫去世的事实。

父亲去世给了母亲很大的打击，她开始担心跟养女的关系，觉得她会随时离开，她的情绪也变得不稳定起来。

母亲内心感到不安，常神经质地对她絮叨。

（你肯定是想回到亲生母亲那里的，对吧……）

她只能更用心地照顾那样的母亲，和亲生父母家庭的接触就变得更少了。

这样的护理生活，一直持续了十年。

好久不见！

可是考虑到高中毕业就凭借自己的努力读夜校，结婚后一边养家一边照顾父母的哥哥，她还是没能回去。

要不你和伯母一起住过来？

亲生父母挂念着她，愿意接纳她们。

度过了漫长的两个人的生活岁月，母亲在78岁时去世了。那一年，她45岁。

和哥哥妹妹基本上没有联络。

要是就那样作为兄妹三人中的老二一直生活在那个贫穷的家里,她的人生一定会有很大的不同。

现在她一个人住在父母留下的房子里。

她眼神恍惚，感慨万千。

"绝对不同意！"

"如果能重来一次，我一定会坚定地说我不同意。"

"河岸边，独自意绸缪。东逝水，无复向西流。"听了她的故事，我脑子里浮现出她的孤单背影，我不禁为她感叹。

05 成人日

只有心灵成长了,才算成为了真正的大人。

"等到你20岁的时候,我们一起去吃饭庆祝。"父亲说完之后就走了。

当时还是中学生的我,觉得20岁是很遥远的事情。

但是,想到在将来和父亲有约定,也是一件很开心的事。

我也并非每时每刻都在想着这件事。

成人仪式以及和父亲一起吃饭庆祝，这对我来说是通往大人世界需要跨过的一扇重要的门。

事实上，真当我满 20 岁时却没能和父亲一起吃饭庆祝。

20 岁生日前的两三个月，我就有点沉不住气了。

只要家里的电话一响,妈妈去接电话的时候,我都会竖起耳朵听。

一直到生日那天也没能等到父亲的电话。我想:"父亲可能是在考虑成人节*的事情吧。"

因为当初约定的时候我还没有手机,我想要是现在的话,我一定会告诉父亲我的电话号码。

---

*译者注:成人节:日本法定节假日,也是日本非常重要的节日之一。时间为每年1月的第2个周一。大多数情况下,每年的这一天,各个地方行政团体都会为当年年满20岁的新成人举办盛大的成人仪式。

1月，政府发来有关成人仪式的通知。

我想毕竟是六年前的约定，父亲忘记了也是没有办法的事。

但，还是无法隐藏失落的情绪。

母亲对我说："成人节的时候你想穿和服的话就穿和服，也可以给你买一身好点的礼服。"

明明对此感到很高兴，但好像还是有些藏不住的失落。

　母亲突然问我是不是和父亲有过约定。

"那个时候，你说想见他，我才让你见他的……"

"那个人他从来都没说过要见你啊。"

"我不想当着你的面讲你父亲的坏话,所以从来没跟你说过他是个什么样的人。但现在你已经是大人了,该和你实话实说了。"

好的!

他就是会说那样话的人,也没有要骗你的意思。

好,那就这么决定了!

你上中学时见他的那次,他一定跟你许下什么约定了吧。

也许那个时候,他的确是发自内心地许诺。但是,他却不会遵守。

让你期待，结果又辜负你。虽然没有恶意，但却是个没办法遵守约定的人。

离婚的时候也是，他自己说会负担抚养费。

当时，离婚家庭很多，抚养费也有个大致的标准。

他却说，那么点钱真的够吗？我会尽我所能。然后他自己提出要支付双倍抚养费。

但是,只按照约定支付了三个月。

后来,他打来一通电话说"稍微等等"。

妈妈呢,就知道会是这样,所以也没觉得失望。

我想他要是能好好遵守约定的话,我们也不会离婚了。

然后就没有下文了。

自从父母离婚以后,我的记忆里从未听母亲说过父亲的坏话。

我想，因为这个人是我的父亲，也是母亲的前夫，所以母亲不仅理解，还能预知结果。

所以我现在决定这样理解这件事情：我通过父亲学到了母亲的聪慧和务实，长成了大人。

06　尊重意愿

让小孩子做选择，到底是尊重还是残忍？

当今每三个家庭中就有一个家庭离婚，财产的分配问题暂且不说，孩子的抚养权归属就够让人烦恼的了。

通过支付抚养费让父亲履行自己的责任。

离婚后也要求定期亲子见面交流。相关人员考虑了很多种离异双方抚养孩子的办法。

好麻烦~

如果离婚时，孩子到了能够表达自我意愿的年龄，会着重考虑孩子的意愿。

父母要离婚了。

这是从曾经处在漩涡中的孩子那里听到的故事。

我小学5年级，妹妹小学2年级。

父母询问了我们的意愿。

我也是那样想的。

哎呀呀！

妹妹马上说："我不想和妈妈分开。"

但是，我却没能马上说出口。

最喜欢
姐姐……

每次被问到更喜欢哪一个的时候，我都会说两个都喜欢。

但是，这样的话也没能说出口。

大家在
一起嘛。

所以，要是询问我意见的话，我想说不要离婚。

因为不想让这个家分崩离析，所以我说："我选爸爸。"

要是我也选择妈妈的话，爸爸就会变成独身一人。

"这样的话一边一个，刚刚好。"姑姑说。

很好！

温柔的人往往会成为受苦的人。

我想他一定会很寂寞吧。

我非常喜欢妹妹，就算是分开也能愉快相处。

考虑到整个家庭的情况，我决定自己忍下来。

长大后，我接触到了离婚这个话题。

但是，这样的话我却一直没能告诉妈妈。

现代社会女性离婚变得容易起来。

但是，孩子们会觉得自己没被重视。

现在，再婚的父亲与我的家，以及和妹妹一起生活的母亲家仍有交流。

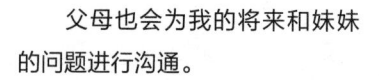

父母也会为我的将来和妹妹的问题进行沟通。

或许谁都没曾想过,都是因为我努力忍耐,他们才能像现在这样相处。

从未和任何人提起,自己独自承受了所有。

我想听别人对我说:"为了这个家你承受了很多啊!"

我想和一位能理解我这种心情的人结婚。

好啦，走吧。

如果我以后难免离婚，我绝不会询问小孩的意见。

我讨厌大人们那些只是嘴上说尊重孩子意愿的自私行为。

07 为什么

如何顺利地离婚并妥善抚养孩子,是每一位想要离婚的父母都要考虑的问题。

为什么优里菜不去她爸爸家呢?

她是小学一年级的花莲。

有一位小女孩向妈妈提出这样的疑问。

她的父母在她还是婴儿的时候就离婚了。

距离每三个家庭中就有一个家庭离婚的时代已经过去很久了。

或许是因为在面对能够预想的问题时没有做好应对的准备吧。

但尽管如此,为处理离婚而痛苦的家庭也并非少数。

结婚通常都是在准备充分的情况下进行的。

如果想要马上在一起，同居就可以。

这样可不行！

但是，等到了分手的时候，就不单单是分居能解决的了。

这样想的人也不少。

即使如此，无论如何都要离婚。无论是什么样的条件，总之就想马上分开。

看看存折，只有刚开始那一点点！

就算是有小孩也不持续支付抚养费。

爸爸？
我不知道。

有的父亲甚至再也不会和孩子见面。

男女关系的破裂＝离婚

但是，花莲的父母却不是这样的。

也同意父亲和当时还是婴儿的花莲见面。

花莲妈妈很坚决地想要离婚。

只是，还未满一岁的婴儿肯定没办法自己去和父亲见面，所以花莲妈妈就一直陪同。

据说最初的时候，每个周末花莲都会去爸爸家里。

现在花莲上小学1年级，基本上每个月有两个周末要去爸爸家里。

所以，花莲发出那样的疑问："优里菜为什么不去爸爸家？"

这个时代离婚率增加,各种婚姻问题层出不穷。

在这样的背景下,花莲妈妈的离婚还算顺利。

让人烦恼啊!

不仅结婚不够顺遂,就连离婚也不能顺心。

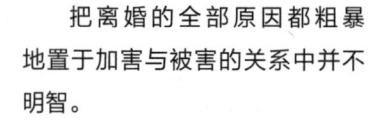

把离婚的全部原因都粗暴地置于加害与被害的关系中并不明智。

不要把无法和睦相处的夫妻生活所带来的后果与亲子关系混为一谈。

为了孩子的成长,父母要持续履行好他们的职责,这是非常辛苦的事。

但是，总有一天孩子会理解父母，父母也能得到回报吧！

而那些期盼现在都藏在"为什么优里菜不去爸爸家里呢"那句话里。

08 谁？

无论是当事人的父母还是社会,都有抚育和监管未成年人的责任。如果谁能留在他身边陪陪他,或许情况会不一样吧。

虽然是很久以前听到的事，但我却一直记得。

母亲的震惊无法想象。

这是发生在一家四口——父母和两兄弟之间的事。

父亲借了一大笔钱之后失踪了。

哥哥正值高中毕业,还算顺利。

只剩母亲和弟弟两个人在家。成绩优异的弟弟考到了当地的名牌高中。

他在大城市近郊的企业里找了份工作,就离开了家。

弟弟在读高一下学期时,母亲和一位走得很近的男性一起消失了。

十六岁的他被留了下来,成了一个无依无靠的高中生。

也探讨过让他接受政府援助,一个人生活。

负责相关工作的办事人员讨论过让他住进福利院,但那样的话他就必须转学。

某高中学生

他们想尽力照顾到他,不影响他的学习能力和名校学籍。

但他却说想去哥哥那里。

但是,工作人员也很理解被遗弃的他想和哥哥两个人一起思考未来的心情。

还不满 20 岁的哥哥没有照顾他的义务。

得到哥哥的同意后,他从高中退学并搬了家。

关于之后发生了什么，因为没有人也没有机构接受到咨询，所以并不清楚。

在城市里独居的 21 岁的他犯下了凶杀案。

这个，是……

大家再一次听到他的消息时，是数年以后，他成为了某案件的施害人。

一想到受害人家属的愤恨，我不知道该说些什么。

"即使生活在比这更糟糕的境遇下,成长得很出色的人也有很多"说这样话的人,我也没心情去反驳。

当下,我们经常会看到新闻里写案件的施害人是三十几岁的无业男子。

只是,每次接触到这样的新闻时,我都在想:培养一个孩子成人,除了本人和他的家人以外,别的人就没有责任了吗?

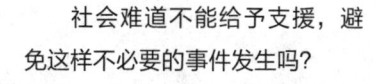

社会难道不能给予支援，避免这样不必要的事件发生吗？

想象一下，不满二十岁的两兄弟的生活情景。

难道能说那些让十六岁的他作出关乎人生选择的大人们没有错吗？

不难想象两人会因为一些琐碎的事发生争吵。

"随你便,滚出去!"

"走就走!"

没有别的去处的高中退学青年。

这是常有的兄弟间的争吵,只是,在那里没有父母。

独自一人该如何在城市里生存呢?

一个人是如何生活下来的呢?

每当发生这种事情时,我都想:"不管怎样,谁来陪陪他啊!"

他每天孤寂度日,最后导致了这件凶杀案的发生。

09 去学习!

那个想学习却没机会的年代,其实离我们根本不远。

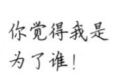

家长一方面督促孩子学习，但另一方面，自己却不愿学习。

说多少遍都不明白的,难道不是你们吗?

小孩子被催多少次都不会去学习的。

没见过只靠妈妈怒吼就会变聪明的小孩。

不去学习的人是——你·自·己!

无论怎样,做父母的都希望自己的孩子能够好好学习。

对在复杂的家庭环境中长大、只能靠自己的孩子来说,学习的能力尤为重要。

这已经是很久以前的事了。

去学习啊！

我学习的话你给我钱吗？

有一位年轻的父亲。

回想起来，还是很让人怀念的。

这是发生在他上中学时候的事。

幸夫从小生活在福利院里，要是其他孩子有人探访的话，他就会吃醋还会有些情绪暴躁。到了青春期，困难的事情也多了起来。在学校里发生的问题也让他的情况变得很不乐观。

我们这里已经对他没办法了。

虽然是个有优点的孩子……

虽然有替他说话的老师，但考虑到整体情况，也不得不放弃。

当有人说要把他送到别的福利院时，有人提议：

"要不要找找他的父母?"

因为他从小就生活在这里,所以从来没人想过要找他的父母。

不存在没有父母的孩子,儿童相谈所一定会有记录的!

他们从仓库里找出过去的文件夹,里面有一封已经破破烂烂的信,是幸夫母亲遗弃他时夹在他怀里的。

现在的我没有能力让他幸福地长大。拜托啦!

"那时候你母亲只有十九岁。她十五岁的时候从筑丰*来到大城市找工作……那时,正是日本开始发生巨变的时候。十五岁,和现在的你一般大。"

这是第一次,地理和当代日本史对幸夫而言有了意义。

他仿佛被那个 1948 年出生在筑丰的矿场,却一次都没见过面的母亲催促着"去学习"一样。从那时起,他有了变化。

---

*译者注:筑丰地区:位于日本九州岛福冈县境内,曾是日本首屈一指的石炭产地之一。

现在的他成为了父亲,也在说着"去学习!"

或许真的存在被不断地催促"去学习"的幸福和被严厉斥责的幸福。

翻阅日本的当代史,那个想学习却没办法学习的时代离我们并不远。

第二章

特殊儿童及其家庭

当前，养育一个特殊儿童无疑是具有挑战性的。周围窥探的目光，不完善的援助，都给特殊人群本身及其家庭的生活带来了极大的困难。父母之爱子，必为其计深远。对于育有特殊儿童的家庭而言，如何教会这些儿童自立是一个永恒的话题。让我们看看以下的家庭是如何做的。

01 故乡

有特殊孩子的一家七口,孩子长大了,故乡也没了……

这是一间废弃的房子。

过去,有一对父母带着五个孩子生活在这里。

父亲一边在政府机关工作,一边务农。

母亲每天手忙脚乱地照顾孩子。

一岁半体检的时候,医生说还需要继续观察。

让母亲担心的是,年纪和其他几个孩子差了几岁的小儿子结,各方面的发育都显得有些迟缓。

父母还特意带他去大城市的大学附属医院,接受了诊断。医生也只是说一年后再来复查一下。

定期地去检查后,父母开始怀疑结可能不只发育迟缓,他们变得有些不安。

是小儿子嘛,应该就是太宠他了……

男孩子说话都慢。

可母亲却无法接受这样的说辞。

父母跑遍了各地的咨询室和医院,最终医生诊断说结一岁到一岁半左右发育迟缓。可这个时候他已经三岁了。

结上面的四个孩子都健康地成长起来。

上高中，上大学，孩子们都在某个时间节点相继离家去往大城市。

长子开始找工作了。

你要回来继承家业。

这是肯定的。

父亲想，要是没有小儿子结的话，自己可能会不假思索地要大儿子回家。

但是，现在他却没法说"你是长子，等我们不在了，你要帮我们照顾结一辈子"这样的话。

果汁……

父亲对母亲说："我们两个人一起尽最大的努力吧。"

就算是回来乡下，也没有工作啊。

不想束缚儿子的一生，所以父亲对长子不回家工作的打算很理解。

后来，二儿子、大女儿、二女儿大了，父母也同样同意他们按照自己的意愿去选择。

至少回来一个人为我们养老并照顾弟弟。

虽然心里想,但父亲一次也没说出口。

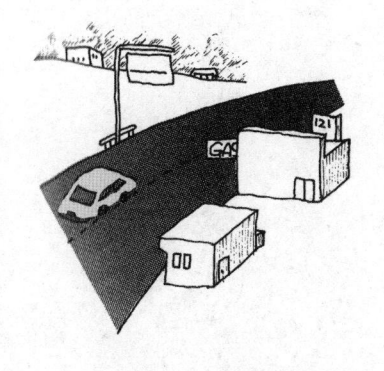

因为比在大城市买房更合算,所以近几年回到家乡的人也变多了。

二十年后,道路全部整修一新。
城乡来回通勤很方便,甚至可以白天去邻近的大城市上班,下班后返回乡下的家。

但是结他们的家却不在了。

夏日再次降临到美丽的小山村。

但是,结的一家却再也不会聚在一起了。

父亲突然去世,在他的葬礼上,兄弟姐妹们聚在一起聊了起来。

生活在城市里的孙辈们,回来看居住在农村的祖父母和外祖父母们。

当然,大家现在都有各自的小家和生活。没有人能放下一切,一家人一起搬回故乡。

母亲并未要求谁搬回来住。就这样,母亲和结两个人,在乡下老家安静地生活着。

担心这对母子的政府福利部门的职员,和结的哥哥姐姐们取得联系并商量了一番。

而打破这一切的是母亲开始出现老年痴呆的症状。

但每个人的生活都比之前更难,没办法强迫谁去照顾结和母亲。

是吗……

农田荒废，房子也失去了主人。

现在，母亲一人生活在养老院里。

兄弟姐妹四人失去了可以回去的故乡。

结生活在稍微远一点的福利院里。

哥哥姐姐们都在各地和自己的家人一起生活。

白发婆娑的母亲坐在养老院的走廊里,整日眺望着远处的山麓。

任人询问,从不回应。

在那个山麓里,曾经一家七口过着热闹的生活。老婆婆到底是否问过自己:"这样是好还是不好?",外人谁也无法知晓。

父亲的墓碑,竖立在美丽的乡村的高岗上,却鲜有人祭拜。

02 装病

一个教会有智力障碍的女儿学会独立的好方法。

母亲现在已经是祖母了。

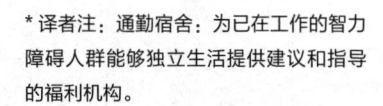

她的生活很安定，但很挂念住在通勤宿舍*里的女儿花枝（42岁）。

* 译者注：通勤宿舍：为已在工作的智力障碍人群能够独立生活提供建议和指导的福利机构。

住在附近的大儿子家里，她有三个孙子。

花枝每周末都会回到母亲那里。

虽然她嘴上说要尽力让花枝过自立的生活，但她又想，至少在花枝回来的时候能吃到想吃的东西，做想做的事。

虽然大儿子也提醒过，但是母亲每次看见花枝的脸就情不自禁想到自己的身体状况，不知道还能为她做到什么时候。

福利机构的个案负责人来我这里征求意见。

既想尽力照顾她，又想让她自立，这本身就很矛盾。

"也就是说，想照顾她，但继续下去会让她产生依赖变得任性，对吧？"

既能照顾她，又能促进她自立就好了，对吧……

这周末，女儿回来的时候，让母亲在床上躺着。

等到买回来了之后，让她做晚饭，无论做得怎么样都无所谓。母亲可以口头指导，但是不能伸手帮忙。

然后，让母亲拜托她帮忙，对她说："妈妈好像感冒了，你去买东西，要买的东西已经写在那里了。"

这位母亲其实很苦恼吧。

死马当活马医吧。听说他们马上就试了这个方法。

按照建议,女儿回家的时候,母亲躺在床上。

于是就像计划好的那样，母亲说"因为我发烧了……"，然后让她一个人去买晚饭需要的东西。

除了清单上的东西，花枝还买来了大量的瓶装果汁和薯片。

母亲坐在被窝里指导花枝做饭。

尽管卖相不够美观,但总算准备好了晚饭。

很美味呀,
手艺不错。

两个人愉快地享受着晚餐。
之后的周末也是一样。

在这个反复的过程当中，花枝没有丝毫不情愿，也逐渐开始和母亲一起准备晚饭。

对母亲来说，比起自己为她做什么，教会她做事的满足感更强烈。

我已经不想以后的事啦!

这对花枝在通勤宿舍的生活,
也开始出现了些许好的影响。

03 背后的夕阳

有纪子为什么不早点回家呢？真的只是因为贪杯吗？

有纪子有轻度智力障碍。在养护学校*高中部毕业后，进入当地的共同作业所*工作。

她是一个很老实的人，平时也不会惹事。

译者注：
* 养护学校：根据现行的日本《学校教育法》开设的特殊教育学校。
* 共同作业所：根据现行的日本《障害者自立支援法》（障害者：残障人士）实施，由各地自治体出资支持机构的运营。残障人士白天可在此地集会、活动、工作并获得报酬。

因为有些人会制造很多麻烦，所以对指导员来讲，她是一个难得的存在。

她在家也一样安安静静。

大学毕业后入职大公司，现在还住在家里的"单身的"弟弟。

家里有从银行退休之后被返聘的父亲。

为了摆脱空巢状态，往返于文化中心和各个兴趣小组之间的母亲。

有纪子每天都从家里出发去共同作业所，两点一线勤勤恳恳地工作着。

- -

　这样的她之所以会成为大家的话题，是因为她有时会酩酊大醉地回家。

- -

据说，好几次在傍晚时分，她结束共同作业所一天的工作，明明应该回家了，她却一个人坐在长椅上喝酒。

还有工作人员说，见过她坐在公园的长椅上，而那里跟她家不是一个方向。

工作人员向她本人确认，她却什么都没说。

工作人员很担心，和有纪子的家人联系，得到的答复是，家里人回家都比有纪子晚，所以没人知道有纪子是几点回家的。

那天晚上，有纪子的父母很强硬地逼问了她。

是不是严厉地警告她，阻止她这样做会更好一些？

有人来咨询我的意见。

后来母亲打来电话说："她只是一直沉默，但看起来确实是那样的。"

她是以什么样的心情自己一个人呆在人头攒动的车站呢？

我思考了这样一个问题。

这个时候年轻的指导员说："我去体验一次吧。"

他对有纪子的父母说："先观察一段时间吧。"

不久之后，在定期会面时，他说："实际上……"

他说，想去试一试，体会一下有纪子是以什么样的心情坐在那里的。

有纪子的父亲听了便说:"我方不方便一起参加?"

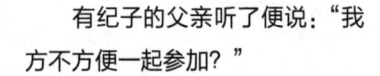

父亲小声说道:"这个时间点有纪子就算是回家,家里也没有人……"

据说,因为这个理由,某一天两个人在下班时间,单手端着一杯酒坐在长椅上。他们面前是匆忙赶着回家的人流。

人流中有提着大购物袋的人,有着急去上补习班的中学生,有看起来像是要去托婴机构接孩子的年轻爸爸。父亲说在急忙奔向目的地的熙熙攘攘的人群中,静坐在长椅上,让夕阳照在背上的体验是孤独的。

"我被返聘回去，工作倒不是很忙。只是觉得就算早回去，也无事可做。"

"我决定接下来就尽量早点回家等她。"

"与其对妻子抱怨，不如我早点回去等她，这样的话可能就会不一样吧？"父亲喃喃自语。

你回来啦！

那之后事情进展得如何我不是很清楚。

我想，父亲应该会比有纪子早回家，在家里等着她回来吧。

因为残障，很多人就会不客气地对他们提醒和指导。

被勒令戒酒，让她早点回家一个人呆在家里，对这样的训斥，我想有纪子也一定会默不作声吧。

但是，已经是成年人的有纪子肯定不想被人说教吧。

当你无法理解的时候，请试着站在那个人的立场上考虑问题，或许会有意外的收获。

04 当事人的……

冬美会怎么想呢?

每当听到流感,我总会想起一件事来。

我希望多少能给那些因育有残障儿童而备受身边人抱怨和不理解的母亲们一些支持。

那是很久以前的事了。那时我每周都会跟有发展障碍的孩子及他们的母亲见面。其实也没做什么特别有效的治疗。

我与她们交换过育儿笔记,也和当地的儿童福利机构*取得过联系。

---

*译者注:儿童福利机构:指在日本法规下运营的为儿童提供多功能服务的福利设施,可为父母养育困难的儿童提供托养、医疗服务。

我认为重要的不仅仅是孩子的治疗结果,支持和理解她们那份育儿的心情也是很重要的。

但是,冬美父亲的看法却不一样。他身体有残疾,当然,这和她女儿的残障没有关系。

我真心想为每周走很远的路但始终坚持咨询的冬美母子做些什么。

做那些事又能有什么用呢?

父亲对冬美母女坚持来儿童相谈所咨询这件事持怀疑态度。

某天，冬美父亲也一起过来了。

我们想把女儿送到机构里。新的机构应该已经建成了吧。

但事情并非如此。

早上好~

我本以为，他是被冬美母亲的坚持打动。

的确有一间刚装修完开始运营的机构。

但我不认为让学龄前的冬美离开父母入住机构是个好的选择。

大家都好起来了吗?

来这里你们就能给治好吗?

对于残障人士,你们又知道什么!

这个时候,冬美父亲的态度突然变得强硬起来。

我认为冬美父亲对于这些问题已经有自己的想法,所以才有如此的主张。

不久后,冬美去了一家多功能福利机构。

冬美父亲站在当事人的立场上,又很激动地说:"考虑到我女儿……"听了这些话,我一时语塞。

那年冬天,一场前所未有的流感袭来。

养老院里有好几位老人都因此去世了。

抵抗力较弱的冬美，转眼间就去世了。

这件事就发生在冬美入住后不久。

而冬美入住的地方虽然有医疗机构，但她也没躲过肆虐的流感。

机构内部也因为第一次有儿童去世，发生了不小的震荡。

不难想象~

也有人担心机构被追责、被起诉。

儿童相谈所除了管理层外,还有几人参加了冬美的葬礼。

父亲站在泣不成声的母亲的旁边,面无表情地接受吊唁。

从那之后,无论是哪一方都没接到冬美父母的抗议,也没有听到他们愤怒的言语。

就好像冬美从没存在过一样,日子仍一天天地在继续。

我无数次地想:"要是那个时候……"

但是,当一直以来承受着歧视的弱势群体主张自己的要求时,我开始犹豫是否要去斟酌要求的合理性。因此,我选择了倾听冬美父亲的声音。

可当我想到我该如何对待冬美时,还不会讲话的她的笑脸就会出现在我的脑海里,让我感到无限哀伤。

05 时期

该来的总会来,有些事终究要面对。

有一对夫妻,他们曾是同窗。

丈夫和妻子的家人生活在一起。

两个人都有工作,照顾孩子的事全都交给了孩子的外婆。

中国叫做"入赘",日本俗称"河豚田鳟夫"。*

---

*译者注:河豚田鳟夫:日本动漫《海螺小姐》里女主角海螺的丈夫,结婚后和海螺的家人生活在一起。

外婆还年轻，妻子也任性地随便开口要母亲帮忙。

单位里的人际关系很顺畅，两个人看起来都很年轻不像是已经有两个小孩的样子。

支持两人都工作的另一个理由是能有两份收入的话对家里来说是极其有助益的。

两个人都有自己的爱好，也能很适宜地交替着享受假期。

可是，他们的第二个孩子，患有先天性残疾。

而这些，孩子的父母基本不参与。

外婆每天都带孩子去为残障幼儿提供服务的机构。

外婆因为自己身体硬朗，所以一个人担了下来。

子女的养育方式通常分为普通养育方式和根据个别家庭状况进行调整的养育方式。

当家庭遇到特殊事件并受到其影响时,能够随机应变改变养育方式的是孩子的父母。

可也有父母不接受现实。

这种不想去承认的想法其实是由于心理因素导致的。

克服这种心理的过程叫"接纳障碍",大多数情况下需要花很长的时间。

明明发生了什么,可却装作没受到影响,这不过是对事实的逃避罢了。

如果生活上完全没有任何改变则代表着强烈的否认。

不难想象，随着外婆体力的下降，事情会变得越来越严重。

但是这个家却从没有好好讨论过这件事。

谁也不提这个话题。

这个家平衡着各方关系和得失算计，并做出妥协，就好像可以一直维持下去一样。

疗育相关的工作人员虽对他们家里的状况很担忧，但外人想要介入，毕竟还是有顾虑的。时间就在这样的情况下一点点流逝。

孩子每天都在成长，在与他人的关系中形成了自我认知。

对父母而言,需要他们认识到,因为孩子有残疾,所以自己要从"接纳障碍"开始,花费大量时间来抚养孩子,他们才是养育孩子的当事人。

抱歉,感谢!

明明是自己必须要做的事却把它当作"外婆的疗育训练"。

恐怕……

等到那天到来,孩子父母会因超乎想象的负担而感到沮丧。

现在的话不行。

任何事物都有一个关键时期。
有些事,正因处在那个时期,才能做到。

事到如今……

错过那个时期,大多数情况是事情会变得很糟糕。

不应该一股脑儿地全推给母亲。

我觉得的确如此。

在此基础上，我认为既然为人父母，就有需要承担的责任。我遇到过很多人说自己因此得以在新事物上开拓了视野。

第三章

爱是特殊的存在

爱，看不见也摸不着，但却有很多种，如最简单、直白、纯粹的父母之于子女的爱，最轰轰烈烈、最刻骨铭心的恋爱等。这些都令人心驰神往。还有一种爱，它可能并非来自亲友，但却如潺潺溪流能滋养人心。在接下来的故事里，便会出现这样的场景。那些来自外界的关怀，蕴含着改变他人人生轨迹的力量。

01 讨喜

从没感受过被爱的小孩,为什么会对她敞开心扉?

有种孩子特别不讨人喜欢。

在中学生的咨询中,有时会遇到这样的孩子。

故意对想和他交流的人说些让人生气的话。

可能是精神世界很贫瘠,外人没法和他正常交流。

他的老师也感到烦心,觉得对他倾注心血没有意义。

然后便是持续着无聊的纠纷。

我走啦……

就像电视剧里演的那样,互相攻击不会衍生出新的事物。

随便怎么处理吧。
我没这样的孩子。

老师不得不一直阻止、训斥他,或是联系他父母。

"但是……"

我在想。

能够去喜爱别人的人,也是曾经被别人喜爱过的人。

讨喜的是那些被别人喜欢过的人。

可是,世界上有一些人从来没有被宠爱过。

大人也不喜欢他，孩子也不喜欢他。

你以为你能吃上饭是靠的谁！

他经常听到这样的话。

我们每个人都生活在与别人的关系里，不讨喜就会让人受伤。

我们家和别人家不一样！

但一般情况下，并不会这样极端。

可是，在整个地区都有名的初三的他，却好像是那个极端。

或多或少，都会被理解、被关心过。

又是那家伙的事？

比起问题的大小，他大条又迟钝的反应才让周围的人感到厌烦。

我没做。

堂而皇之地说着一下子就被识破的谎话。

并没有……

虽然周围的人都说："你自己也体会过，所以其实是知道这种感受的，对不对？"，但还是没有效果。

乱涂鸦！

我没画！

说不可以说的话，做不可以做的歧视别人的事。

让人感到很意外的是，刚刚上任的保健老师*来负责管教他。

---

*译者注：保健老师：学校保健室（医务室）的老师。和我国的校医类似，但有所不同。

他从入学以来,一直都是自己一个人吃面包。

或许是被食物所吸引,他午休的时候开始去保健室。

尝一尝?

某天午休,保健老师若无其事地对恰巧碰到的他推荐了自己的便当。

那个~

之后,保健老师也多多少少地听到了一些别的信息。

也有老师说:"这两年多的指导到底算什么?"

老师变着花样地做便当是对学生的爱。

当然,大家这样说只是开玩笑。事情终于有了头绪。

对从没被喜爱过的孩子,就算有点勉强,也要对他好。

即使嘴上说着"真是没办法",也请留下来不要离他而去。

我认为小孩子不是在接受"信息",而是在接受"存在"。

02　身体记忆

获得自我信任的方法。

都说在恶劣的家庭环境中成长的孩子，没有自我认同感和形成信任关系的能力。

这个离开父母，在福利院生活的孩子，一直以来是焦点事件的当事人。

一个不会游泳的孩子，能体会到那些不会骑自行车、不会翻单杠等不擅长运动的孩子的心情吧。

在附近池塘和河流里游着游着自然而然就学会了。

这样说的人已经变少了。

就连我们这些在团块时代 * 出生的人的少年时期，禁止游泳的区域都在不断扩大，无法随意在池塘或是河里游泳。

* 译者注：团块时代：指 1947-1949 年日本第一次婴儿潮时期出生的人。他们的大学时期恰巧是日本学生运动的最鼎盛时期。

游泳被纳入到学校的课程，孩子们失去了在大自然中学习的机会。

现在，去游泳学校学游泳是理所当然的事。

就像学习能力是一个家庭养育能力（经济能力）的体现一样，游泳也如此。

虽然不是所有的孩子都是这样，但好像不擅长游泳和家庭养育能力的不足高度相关。

与别的小孩发生纠纷，无法和福利院里的工作人员顺利相处，这些都是问题孩子的特征之一。

有一个人尝试花了一个夏天来训练这些不会游泳也没有机会上游泳学校的孩子。

据说，刚开始孩子们有的很抗拒，有的紧紧抓住游泳圈不放手。指导员一个个细心地教导他们。

快看，快看！

一旦过了开头难的阶段，他们慢慢适应了水，双手可以松开泳池壁了，渐渐地孩子们就会快活地不停地呼喊"快看，快看"。

等熟练之后，孩子们就开始问："我可以一个人游吗？"
那些曾霸占指导员，或是阻挠其他人练习的孩子也开始发生变化了。

表面上看是有游泳能力了，但归根究底，是获取了身体能力。

没必要把它归结为和指导员建立了信任关系，或是产生了同伴意识。

可以想象当一个婴儿自己成功地做成某事时，洋洋得意地看着父母的场景吧。

自我肯定感的根本，难道不正是如此？

这些孩子听惯了对自己不良行为和糟糕成绩的评价，又或者是在恶劣的家庭教育环境里，听着批评声长大。

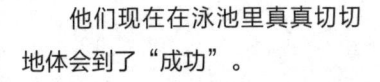

他们现在在泳池里真真切切地体会到了"成功"。

这份成功的感觉和整体生活的稳定性联系在一起。

这份成功无关游了多远或是游得多快这两个问题。

秋天,听学校和机构里的老师们说:孩子们稳定了下来,并且学习的注意力提高了。

也许是多了些许自信和安定感吧。

过分注重心理疗法了吧……

可是,他们还只是在成长中的小孩子。

听了孩子们的成长经历和了解了现状后,人们马上就会将其和心理关怀以及接纳这样的词语联系在一起。

我认为以身体为媒介来实现对心理的必要援助这件事特别好。

和特定的人之间产生的安心感和信任感,有时也会带来分别和失望。

但是,学到的运动却不用担心失去。因为用身体记住的东西是不会消失的。就算时隔很久,以前会骑自行车,现在也还能骑,对吧!

我为让在严峻的环境下长大的孩子们通过对游泳的身体记忆来获取自我肯定感这样的尝试而感动。

03 番羽山

经历了苦难的大辉,终于换回了成长。

很久以前，一个因屡次盗窃车辆并数次引起交通事故的中学生到我这里来。

通常情况下，因为交通事故会危害到他人的生命安全，所以并非仅停留在咨询这个等级。

当时，他和姐姐一起寄住在小山村的外婆家里。

在这个个案的背后，有些无法按通常情况处理的隐情。

之前，他曾是大城市大型中学里的风云人物。

他的家原本是个父母和两个孩子住在一起的典型的小康家庭。

据说自杀前也曾多次向警方报案,请警察拘捕追债方,但警方没有立案。

善良但懦弱的父亲因为被骗而背上巨额债务,从那时起这个家开始崩溃。

痛苦过后,不堪催债的父亲最终选择了自杀。

父亲死后,母亲为了两个孩子一直拼命地努力工作。

事件的始末在电视节目里一度成为热门话题,后来也慢慢地无人问津了。

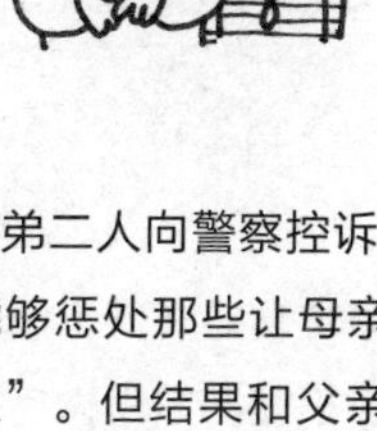

为了正处于发育阶段的孩子,母亲焦急地想要找工资稍微高一点的工作,她轻信了曾经参与到父亲那个案件当中的黑社会成员的话,被卷进了别的案件里,而后去世了。

姐弟二人向警察控诉:"希望警察能够惩处那些让母亲遭遇不幸的人"。但结果和父亲那个时候一样。

今天是这个哦。

高二的姐姐和初中生大辉开始了两个人的生活。

连死都不在乎的人太可怕了,没办法当成对手。

难道我们不该教训教训他吗?前辈!

按照当地的不良少年集团的规矩来看的话,他就像是一个忽然登场的外星人。

这个时候的大辉,忽然间开始满不在乎地向警察做出许多超乎大家想象的举动。

无特定目标地进行车内盗窃和车辆盗窃，甚至他到处乱窜故意引发撞车事故。

在这样的情况下，姐弟二人去了外婆所在的乡下。

并不觉得恐怖……

就算是受了很严重的伤，在医院的病床上躺着他也满不在乎。

知道这个事情经过的工作人员们都想着自己能不能为他们做些什么。

但是大辉的行为却没有变化，就读的中学和当地的警察都感到非常头痛。

这是尊重外婆、姐姐以及当地工作人员的意见给出的结果。

这个时候，新一轮家庭审判的结果显示，不应把他送到少管所，让他在儿童福利机构开始新的生活更合适。

这个时候的我，作为儿童相谈所的职员，在临时保护所*见到了他。

---

* 译者注：临时保护所：儿童相谈所的附属设施，为需要保护的儿童提供临时保护。

> 拜托你了，没事吧？

要是偷跑出去偷车或是引起交通事故的话就麻烦了。

我能理解管理层的担心。

然而，在出发去儿童福利机构的前一夜，他不见了。

试着见面后发现，其实在日常的交流中，他在某些方面是个非常诚实的少年。

我时刻提醒自己尽可能公平地对待他，就这样过了几天。

> 我去附近停车场。
> 我去车站看看！

职员全部出动开始深夜大搜索，但根本找不到他。

我担心外婆的身体,所以不能马上去机构。

心里想着没准什么时候就会出现车辆盗窃或是车祸的新闻,我彻夜未眠。

他是怎么回来的?

据说是晚上坐末班车坐到中途的车站,在那个车站的长椅上过了一夜,再坐第二天始发车回来上学的。

过了八点半,学校打来电话说他去上学了。

但总不能对那些对我好的人这么没义气。

明明可以像之前那样，偷辆车马上就能回来……

大辉这样对老师说。

因为心里想着某个人，所以控制了自己的行为，这算是翻过了一座山吧。

我觉得自己好像成为了那个"某人"，然后开始了对今后的问题如何处理的讨论。

04 赎罪

一个小小的善举或许可以改变别人的人生。

接受了一次持续遭受儿子们暴力的父亲的咨询。

这是我作为个案督导透过镜子观察家庭咨询时发生的事。

父亲伤得很严重,肋骨骨裂且不是一次两次的事了。

初中二年级和小学六年级的两个男孩连日来多次殴打父亲。

下班之后过来进行咨询的父亲,就连坐在椅子上都看起来很痛苦。

据说，他连续多天从回家开始到深夜一直遭受孩子们的暴力。

他听了只是虚弱地一边微笑，一边说了句"谢谢"就走了。

其他咨询师很无奈，拿不出好办法只能建议他晚点回家，这样遭受暴力的时间或许会短些。比方说，看个电影再回家。

事情渐渐变得明朗，一切从妻子因病去世后开始。

妻子身体不舒服，他却因工作繁忙没太在意。

一天，妻子的身体状况急转直下，被救护车送到医院后不久就去世了。

要不要去医院呢？

别人建议妻子去医院看看，她也一直懒得去。丈夫也没多问。

这是任谁也无法想象的震惊。

之后，身边的人的怒火全都指向了他。

不难想象，父母接到还未满 40 岁的女儿去世的噩耗，那是何等悲伤。

岳父母在葬礼上表现出深深的哀痛和愤怒。

"今后我们不想再和你有任何瓜葛"，说完断绝关系的话后，岳父母就把妻子的骨灰带走了。

他也自责为什么没带她去看医生。

他想：就算她不情不愿，只要带她去看医生的话，事情肯定会变得不一样吧。

不久之后，两个孩子开始责问他。

如果我再多注意一点……

父亲的后悔并没有给孩子们带来安慰。

最后，孩子们开始任性起来。

父亲对小小年纪便失去母亲的两个孩子道歉，说"对不起"。

但是，这却把事情引向了一个恶性循环里。

哥哥抓起手边的东西就扔过来，趁着空档又从双层床的上边飞踹过来。

爸爸说过的。

不是今天的话，不行！

如果父亲责备他们不去学校或者是熬夜的话，他们就会开始说母亲的事，然后拿父亲发泄怒火。

但是父亲却无心责备他们这些行为。

让孩子们伤害自己,父亲把这样当作赎罪。

把妈妈还给我。

看哥哥这样,弟弟也开始动手打父亲。此后,父亲一边拖着受伤的身体,一边继续工作。

你们吃午饭了吗?

　　事态开始出现变化源自隔壁邻居亲切的关照。

花的功夫都一样,顺手就洗了。

我做了布丁,要吃吗?

　　邻居开始照顾不去上学,白天赖在家里的兄弟二人。

不知道好不好吃……

结果，说是分享，最后就连自己家里晚饭时准备的东西也送来给这三个男人。

对邻居阿姨的照顾和挂念，兄弟二人也给予了真诚的回应。

"居然有这样女神般人物的登场……"，人与人之间的交往以及那份温暖让我铭记在心。

05 贝壳

虽然违反规定,但仍然送了她一个贝壳……

有些人并没有做什么。

有些人并无特殊理由，只是因为现实如此，机缘巧合下人生只能从那里开始。

虽然这么说并不意味着他没做任何努力。

战火下成长的孩子。

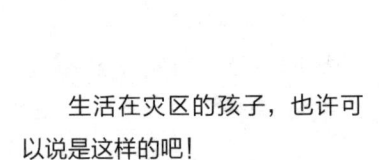

生活在灾区的孩子,也许可以说是这样的吧!

公立的儿童相谈所,就是一个这样的地方。

遇到过很多生下来就背负复杂的出身背景而成长的孩子。

不是每个人都能说出自己的创伤。

在那样的成长过程中，有很多孩子被迫背负巨大的压力。

她一出生就被亲生父母抛弃。

从医院到婴儿院＊再到儿童福利机构，她一直接受政府机构的抚养。

有一位十几年不见的女士去我朋友那里咨询。

＊译者注：婴儿院：按日本现行的《儿童福祉法》规定建立的儿童福祉设施的一种。让未满一岁的婴儿住在医院里并对其进行抚养，并对已出院的孩子提供必要的咨询服务及援助。在必要的情况下，抚养的对象也会扩展到未上小学的儿童。

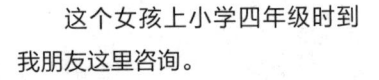

这个女孩上小学四年级时到我朋友这里咨询。

在以集体生活为主的机构里,她因为难于指导而被带到咨询室。

在机构里,她跟工作人员以及别的小朋友时常会发生争执,使得大家频繁陷入恐慌状态。

当时在儿童福利机构里还没有配备咨询师,所以就由儿童相谈所的咨询师来负责咨询。

先不说按箱庭疗法来解释,单看她的作品,都有很强的视觉冲击。

定期咨询开始后不久,她开始对箱庭疗法展现出兴趣,说想要试试。

他从中得出的结论是:先不考虑纠正她现在的行为,而是继续接纳现在的她。

他向机构申请继续让她接受咨询，自己也设定时间定期为她做咨询。

他一边多次努力向工作人员告知咨询的经过，一边反复地拜托着对方："还请想想办法，现在是关键时期……"

别的孩子也……

到极限了！

在那之后又出现过几次纠纷，每一次都听机构说忍她忍到极限了。

结果,三年来,一直由负责照顾她的保育士*把她带到他这里持续接受箱庭疗法。

---

*译者注:保育士:在福利机构里负责保护和养育儿童的工作人员。

今年春天,那位保育士退休了。

当时在机构里长大而现在生活在各地的孩子们聚集在一起为她开了欢送会。

在会上，保育士回忆起了过去："那个时候，儿童相谈所的老师帮了很多的忙……"

所以，十几年后她才来到这里。

随着小学毕业，她的咨询也告一段落了。

她高中辍学，十六岁便离开了机构。

机缘巧合，一直在养老院工作到现在。

做完最后的箱庭疗法之后，她指着架子上的贝壳说想要一个。

虽然知道违反规定，但还是决定送了她一个作为礼物。

到底，在那之后她有多少次把贝壳放在耳边聆听它的声音呢？

那个时候收到的那个贝壳，现在我也视作珍宝。

十年之后，她一边流泪一边说。

听到这样的故事，我想儿童咨询中心的工作是如此的丰富多彩，心中不由得变得温暖起来。

后记

团士郎教授是我的恩师，无论是在科研还是在为人处事上，我都受益良多。

这本书里的故事，早在决定翻译成中文出版之前，我就是它的读者，每一则故事都让人动容，以至于曾在夜里的灯下为故事中的人物的命运而落泪。

团教授的漫画在日本以《树荫物语》丛书的形式出版，除了这套丛书，还有许多则漫画发表在各处。我和另外一位翻译陈婷婷女士，在通读了所有故事后，选取了其中一些和中国社会有共通性的故事，决定将其翻译成中文出版。从 2019 年年末开始，我们便开始了故事的选取、翻译、审核和讨论。经过将近两年的时间，这几本书终于有机会和读者见面了，我感到由衷的欢喜。

此书译于我在日本立命馆大学攻读博士学位期间，由于科研和工作的原因，大多数情况下不得不在深夜进行翻译。无数个夜晚，在翻译的过程中我数度哽咽，不仅是被这些故事所打动，也因为想到了自己的一些经历。我从小生活在农村一个并不富裕的家庭，度过了极其灰暗的童年，也有过艰难的求学经历。无数次，我都好像在故事中看见了我自己。因此我相信读者朋友们在阅读的过程中，也会从故事中看到自己或是朋友的影子。书里的故事虽短，但有着震撼人心的力量。希望有着相同经历的你能从故事中找到慰藉；也希望作为父母的你能在故事中找到和孩子的相处之道；更希望作为援助工作者的你能从中找到灵感。

最后，要感谢团士郎教授愿意授权将此书在中国大陆出版，感谢他用经验和智慧留下一幅幅温暖人心的作品。更要感谢我的恩师吉沅洪教授在翻译上给予我斧正，每次都让我醍醐灌顶。还要感谢本书的责任编辑华东师范大学出版社的刘佳老师为本书的出版奔走，并在校阅上给予我指导和关怀。也要感谢我的好搭档陈婷婷女士愿意和我一起并肩作战，你的严谨给我树立了很好的榜样，那些为了更精准的翻译而彻夜讨论的电话会议，都将成为我们的美好回忆。此书凝聚了太多人的心血，愿它能为读者朋友们带去一丝思考与收获。

刘　强

2021年6月2日深夜

于 东京

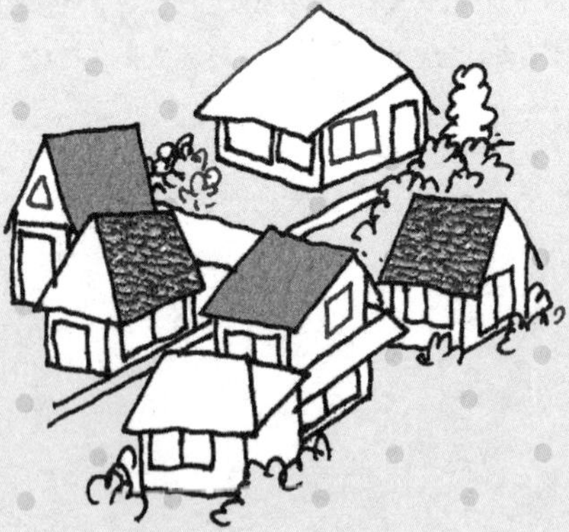